송경은 시집

하늘마음

2025

하늘마음

송경은 [제2시집]

머릿글

내 몫의 자유
– 제2시집에 부쳐

  제임스 웹 우주망원경이 2022년에 약 130억 광년 떨어진 초기 우주 은하들을 찍어 왔다.

  1광년은 빛의 속도로 일년 동안 가는 거리이므로 약 9조 4600억km라 하니, 우리는 우주의 크기를 상상조차 하기 어렵다. 그런데도 우주는 아직도 그 전모를 미지의 어둠 속에 더 많이 숨기고 있는 중이다. 전에 허블 우주망원경이 찍어온 사진을 보았는데 어마어마하게 큰 사진 속에서 지구는 티끌 같은 파란 점이었다. 그 지구 속에 지금 나는 얼마나 미세한 존재인가.

  그러나 그렇게 상상할 수 없이 큰 우주를 전부 내 품에 품을 수도 있다.

  그것은 '마음'이라 불리는 영장생명체 내의 신령한 존재가 있기 때문이다. 우리는 그것을 기본삼아 내 삶의 의미와 가치를 무한히 확대·창조하고 있다. 그리고 마음의 참된 자유를 얻어 일하고, 노래하고, 운동하고, 사랑하고, 행복하고 싶은 것이다.

이런 '내 몫의 자유'의 파이를 키워 보자는 것이 우리의 이상이다.

나는 우연히 만난 '시조'라는 우리 민족의 전통시가 내 생활의 동반자가 되면서, 많이 해방되고 상승되고 좀 멋스러워졌다고나 할까, 참 감사 감사한 일이다.

이쯤에서 고마움을 표하고 가야 할 분들이 있다.

우선 본인을 시조의 세계로 안내해주신 조정제 박사, 또 얼굴도 보기 전에 원시조카페의 작품만 접하고 호평해 주셔서 시조에 용기를 갖게 해주신 이조경 시인, 그리고 신인상 심사를 통과시켜 주신 고 시천 유성규 박사, 김봉군 교수, 최순향 세전협 이사장님께 깊은 감사의 마음 올린다.

나는 내가 발딛고 사는 이 우주 자연의 모습과 이치를 은혜로 느끼며 살아 왔고, 그 자연과 한 호흡으로 살기를 기대한다. 그래서 자연을 찬양하고, 자연에서 인생을 배우고, 자연을 더 잘 가꿔 가고 싶다. 그런 감정을 가지고 쓴 시조들을 모아 〈눈향나무〉라는 큰 단원에 모아 보았다.

  희랍신화에 크로노스(chonos)와 카이로스(kairos)의 시간개념이 나온다. 앞에 것은 달력과 시계가 보여주는 절대적 객관적 시간이어서, 그 길고 짧음을 인간의 의지와 힘으로 변경시킬 수 없는 시간이다. 그러나 뒤의 카이로스의 시간은 상대적·주관적 시간 개념으로 인간의 의지와 노력으로 그 장단을 조절할 수 있는 또 다른 개념의 시간이다.

  아인슈타인의 상대성이론까지 들추지 않아도, 이해가 쉽게 다가온다.

  미하엘 엔데가 쓴 판타지 동화 〈모모〉에도, 남의 〈죽은 시간〉만을 훔쳐 먹고 사는 회색신사 들이 나온다.

  사람들이 안 쓰거나 잘못 쓴 죽은 회색시간이나, 속아서 빼앗긴 시간들이, 회색 신사복을 입은 귀신들이 먹고 사는 유일한 음식이 되는 것이다.

  그들에 쫓겨 시간의 근원지까지 찾아간 〈모모〉와 거북이에게 호라 박사는 카이로스의 신화처럼 자기 시간을 빼앗기지 않고 자기가 지켜내는 것도 사람들 몫이라고 가르쳐준다.

　나에게 주어진 시간 중 악마에게 먹거리가 되는 〈죽은시간〉을 최소화하고, 멋지게 〈살아 있는 시간〉을 잘 만들어서 진정한 장수노년을 살고 있는지 돌아보며 살아야겠다. 그러한 감정으로 쓰여진 시조들을 〈눈은 오고〉라는 단원에 모아 보았다.

　이 세상은 인간이란 인연 관계 속에서 살아가는 것이 가장 중요하다. 그리고 사람들로부터 풍겨오는 인품의 향기가 어떤 다른 향기보다 질 높은 향기임은 분명하다. 세상에 이런 향기를 보내준 분들을 문향하며 사람의 향기에 대한 시편들을 모아 〈인향만리〉 단원에 모아 보았다.

　사람은 태생적으로 불완전한 존재이다. 완전한 사람은 대각 성인으로 해탈자재하는 극소수의 영적 지도자들이라 할 수 있다. 대부분의 사람들은 본래의 자기를 찾아내고, 모든 속박을 벗어나, 〈내 몫의 자유〉를 얻기 위해 신앙과 수행의 길로 들어서게 된다. 본인도 한국에서 발아하여 세계적으로 뻗어 나가고있는 원불교란 고등종교의 신자로서 신앙 수행의 길을 걸어가고 있다. 겸손한 태도를 갖추어, 육안으로 안 보이는 세계를 심안으로 보고 싶다

〈피안수업〉이란 단원에 본인의 이러한 노력들의 시조를 모아 보았다.

우리나라의 가장 역사 깊은 정형시로서 시조는 앞으로도 여러 면에서 면모를 더 가다듬어 명실상부한 K-컬처의 대표주자로 한국인뿐만 아니라 세계인들에게도 더욱 깊은 감명을 줄 수 있는 매력적인 존재로 발전시켜야 한다고 믿는다. 이런 노력들이 심화되고 있는 한국 시조계에 큰 희망을 갖는다.

모두가 은혜입니다.

2025. 2. 25.
자도암 주인 은산 송경은 삼가

머릿글

차 례

1. 눈향나무 (13~50)

눈향나무__13

노매老梅__ 아라홍년__ 단풍丹楓__17

해바라기__ 호박꽃__ 불갑사 꽃무릇__20

동강할미꽃__ 산들바람__ 풀잎과 바람__23

장미축제__ 우화羽化__ 반추反芻__26

붉은점모시나비__ 독월讀月__ 관악재색도__29

하섬을 바라보며__ 직소폭포__ 백담사 가는 길__32

설악__ 곰배령__ 강설降雪__ 서산마애삼존불__36

구름__ 새벽달__ 바다__ 간월암看月庵__40

불영사 가는 길__ 냇물1, 냇물2__ 두물머리__44

대화__ 물1, 물2__ 산책길 1, 2__ 안개__50

2. 눈은 오고 (54~85)

눈은 오고__54

한거閑居__ 해후邂逅__ 내탓__57

승무僧舞__ 달항아리__ 어우렁더우렁__60

오늘__ 꽃달력__ 불이不二__ 인류세__64

인류견장肩章__ 꽃자리__ 산정山情__67

손깍지__ 달을 짓다__ 미훈微醺__70

와인wine단상__ 비상__ 새해축원__73

신호등__ 예쁜 별__ 한글송__ 돌아보며__78

여든 즈음__ 노년 일기 1-8__81

몸가짐__85

3. 인향만리 (88~118)

인향만리人香萬里__88

충무공타루비忠武公墮淚碑__ 89

둥그런 미소 – 오! 신타원 김혜성 종사님__ 90

연화의 향 – 추모, 예타원 종사__ 91

하얀 연꽃 – 아!숭타원 종사__92

자비와 평화 – 승타원 종사님께__93

도반__ 영웅__ 교무 손정윤__ 비구 법정__97

"힘네! 가을이다" – 여의사 한원주 님__98

이 여인__ 문향聞香__ 어느 새벽에__ 미소__102

경청__ 그리움__ 어머니 마음__ 열반의 밤__ 106

대쪽님__ 촉수활인觸手活人__ 그 손길__109

아름다운 보살님__ 승급식 축시__ 할머니 용돈__ 112

XO 친구__ 노우老友__ 오! 시천 선생__115

나의 손주들에게__ 심월心月__ 118

4. 피안수업 (120~158)

피안수업彼岸修業__120
원각성존 대종사 십상 圓覺聖尊大宗師 十相__ 1.관천기의상
2.삼령기원상 3.구사고행상 4.강변입정상 5.장항대각상
6.영산방언상 7.혈인법인상 8.봉래제법상 9.신용전법상
10.계미열반상__ 깨침의 노래__ 대각개교절 3음__127
삶의 기틀__ 부처님 마을 1. 처처불 2. 자성불 3. 활불
4. 인연불 5. 경전불 6. 당처불 7. 일원불 8. 사은불__132
공 · 원 · 정__ 영 · 기 · 질__ 법어1__ 법어2__ 믿음__137
출가축원송__ 관조觀照__ 무영수無影樹__ 포살布薩__141
법설__ 사상四相__ 니르바나__ 법구法具__ 신보信步__148
빙천憑天__ 도비신외道非身外__ 본래 마음無所得__151
마음 접어無所有__ 고요한 평화無所求__153
참모습無住相__ 둥두렷이無所住__155
보은송__ 익산성지__ 수행기도__158

〈평설〉
인공지능과 함께 다가와야 할 '하늘마음'의 시대__159

눈향나무

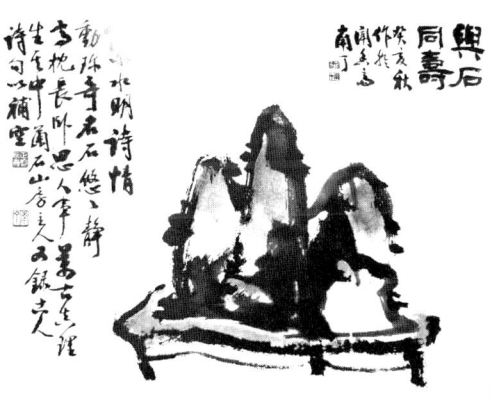

눈향나무

고개도 들지 않고
수수히 낮은 처신

동산이 다 변해도
사계절 푸른 지조

아프게 절 찍은 도끼
향을 묻혀 준다네

노매 老梅

새초롬 매화 필 때
죽마 타고 노던 기억

가슴에 새긴 채로
이제 와 다시 보니

등 굽어 피워낸 꽃도
아롱아롱 곱구려

아라홍년

칠백년 옹친 마음
저렇게 수줍단다

흰 바탕 분홍 미소
꿈 따라 피워내는

음전한 가야 아씨의
맑은 향내 굳센 결

단풍 丹楓

마지막 떠나는 길
한풀이가 아니란다

꽃보다 깊은 정분
붉은 속내 어찌 못해

바람에 날리면서도
몸부림쳐 구르네

해바라기

황금색 진화장에
수줍음 감내하고

해님께 바치는 정
한눈도 팔 수 없네

내일이 더 외로워도
두 맘 아니 두리니

호박꽃

흙담장 뒤진 자리
후덕한 노란 미소

꽃단장 언제였나
기억은 아득하고

적삼에 땀만 가득한
어머니가 보인다

불갑사 꽃무릇

숨 죽여 기다리다
견딜 수 없는 청춘

새빨간 가슴 헤쳐
흔들고 솟구치고

꽃물결 열정의 바다
님 그리는 넋들아

동강할미꽃

늙어도 정은 고파
할미꽃도 물이 올라

수염만 덥수룩한
초라한 저 고랭이

무심히 살아온 이웃
측은해서 이는 정

가까이 다가서면
보는 이 눈에 설라

먼발치 자리하여
눈길만 은근하네

비탈의 두 노인네가
봄바람에 살갑다

- 동강할미꽃 축제에서

산들바람

동백향 머금은 채
잠을 깬 산들바람

절 마당 탑을 돌아
부처님께 향 올리고

풍경風磬이 죽마고우라
법거량法去量을 간다네

풀잎과 바람

새하얀 마음 담아
사랑을 드렸더니

그 사랑 빌미 삼아
우격다짐 혼자 가네

바람에 쉬이 숙이나
풀잎 끝내 이기리

- 21.4.7.보궐선거날

장미축제

흰 얼굴 노란 얼굴
분홍 빨강 주황 자주

볼마다 화색 돌고
어깨마다 들썩이고

온 동네 장미가족들
평화로운 언어여!

- 노원장미축제에서

우화羽化

베풀어 주신 생명
껍질에 조여 살 제

참고 또 참으면서
지켜온 바람 하나

꽃동산 훨훨 날으며
꽃과 함께 살리라

반추反芻

산자락 하늘 이고
숙연한 염불삼매

젖먹이 우는 새끼
모른 척 보내버린

박복한 어미소의 한恨
업장 녹여 주소서

붉은점모시나비

바람과 햇볕 속에
한나절 여문 날개

하늘에 날아올라
사랑 찾아 어미 되고

나흘새 불 같은 생명
꽃잎으로 진다오

      *손톱크기 멸종위기종,수명 단 4일

독월 讀月

물고기 두 눈 뜨고
물에 잠긴 달만 보네

하늘달 올려볼 맘
어찌 하마 없으랴만

그 달님 너무나 높아
눈길 가지 못하네

— 해인사에서

관악재색도

봄비에 씻긴 풍채
멀리서도 일상삼매

장중한 봉우리는
가부좌 엄정하고

나무숲 울창한 옹위
연화대를 이뤘네

하섬을 바라보며

바다에 솟은 연잎
불에서도 피는 꽃

봉우리 꽃 벙그면
무슨 향 피어날까

성인의 영靈이 서린 땅
만고법향 피우리

*하섬: 부안 원불교하도수양원 荷島

직소폭포

구곡로 굽이굽이
물소리 바람소리

어디서 천둥 같은
사자후 들려온다

하늘서 내리꽂히며
소리치는 할,할,할

                    *할-깨침을 위한 스승의 외침

백담사 가는 길

백담골 심상찮다
아찔한 꼬부랑길

저승서나 봄직한 길
천길 만길 벼랑길

그래도 영성 밝히러
목숨 걸고 예던 길

*2020년10월 방문

설 악

설악의 바람 냄새
내 안에 쓸어 담자

만경대 높은 시야
끝없이 펼쳐진 꿈

억만년 그 자리에서
품어주신 은혜여

곰배령

시간을 뒤로 돌려
삼억년 전 숲을 걷네

사람의 발길 비킨
성주괴공 천태만상

하늘향 가득한 화원
태고 음성 들리고

강설 降雪

바람의 장단따라
휩쓸려 내리는가

저마다 앉을 자리
몸부림쳐 찾아가나

난장 속 그 가운데도
한 질서가 사느니

서산마애삼존불

억년을 바위 속에
숨어 계신 그 자비를

백제의 꿈을 모아
목 말라 두드리니

살며시 드러내셨다
따듯하신 저 미소

구 름

그리움 속삭이듯
흘러드는 흰구름아

머물 수 없는 성품
잡는다 잡히더냐

잠시만 스치는 황홀
손 흔들며 가는 너

새벽달

새벽녘 구름 새로
수척한 달 눈에 띈다

네온등 요란하게
번쩍이는 복판에서

밤마다 찾아주셔도
모른 채로 지낸 나

바 다

바다는 비에 젖지
않는다 하더이다

집 떠난 식구들이
빗물되어 강물되어

포근한 엄마품으로
모여드는 것이라

간월암 看月庵

파도로 울타리 친
두어 칸 적멸궁에

서릿발 가부좌는
달님만 함께하고

밝아진 마음달 아래
거친 파도 재운다

불영사 가는 길

산처럼 정중하자
물처럼 깨끗하자

불영사 가는 길목
비로자나 반기시네

천축산 천상의 나라
자비바람 불리며

냇물 1

느리게 또 빠르게
너그러운 심성으로

흔들리고 굽이치고
그게 무슨 상관이랴

물길이 나있는 데로
몸을 낮춰 흐른다

냇물 2

버리고 떠나기가
어디 그리 쉬웁더냐

평생을 닦은 이도
네 뒤태를 기리더라

물빛에 실린 구름만
도반道伴되어 흐르고

*안양천을 거닐며

두물머리

윤슬도 상서롭다
금강산 물 검룡소 물

달려와 포옹하네
이름마저 내던지고

버리어 이루는구나
호호탕탕 한강수!

대 화

해와 달 수많은 별
하늘님은 복도 많소

꽃숲 산하 온갖 생명
땅님 되레 부럽소

아니오 끝없는 욕망
인간 품어 살잖소

물 1

모이면 바다 되고
오르면 구름 되고

추우면 흰눈 되고
녹으면 비가 되고

유유히 흐르고 흘러
뭇 생명들 춤추고

물 2

낮은 데 앞서 가고
막히면 돌아 가고

마른 땅 적셔주고
낙락장송 키워주고

세상의 온갖 묵은 때
씻어내며 흐르고

산책길 1

내 걸음 소리 죽여
숲길로 접어든다

풀포기 나무잎새
여래덕상 품은 자태

저 소리 돌의 속삭임
풀과 숲의 숨소리

산책길 2

강가를 거닐다가
조용히 굽어본다

내 곁을 흐르는 물
멈춰서도 강江이더냐

이 가슴 흐르는 강도
멈춰서지 않으리

안개

고모리 호수 위로
피어오른 짙은 안개

공연장 커튼마냥
출연배우 가리더니

햇살이 무대 비추자
슬그머니 사라져

산상기도

찬바람 불어대는
절벽에 올라서서

애끓는 가슴으로
사무쳐 기도한다

이 나라 지켜주소서
하나되게 하소서

*2025. 3. 1. 삼일절 날

이 예쁜 작은 별에서

역사의 길목마다
끊이지 않던 공포

남의 것 앗아가려
총구가 뿜는 잔혹

죄없이 스러지면서
소리 한번 못내고

미움을 사랑으로
약탈을 협력으로

방아쇠 손을 떼고
따듯이 손을 잡자

이 예쁜 작은 별에서
오순도순 살아야

눈은 오고

눈은 오고

남루에 바랑 하나
다 버려도 후련할 터

산 넘어 강 건너
들꽃 사이 긴긴 행각

철 맞아 내리는 눈발
그 길 위에 쌓이고

한거 閑居

1
올려보고 굽어보고
이 마음 매임 없네

서강물 다 마시고
천지허공 다 삼키고

창 밖의 풀벌레 합창
하늘 말씀이어라

2
새벽녘 고요 속에
한 마음 챙겨 놓고

기쁨과 슬픔마저
나뉠 수 없는 자리

땅 쓸고 향을 사루는
평화로운 하루여

해후 邂逅

추억 속 단발 공주
눈 앞에 허연 할미

나 몰래 세월 나며
다소곳 얹힌 풍파

창밖의 의연한 산하
저만 저리 푸르고

내 탓

어제는 손목 잡아
못 보낸다 하였소만

돌이켜 생각하니
좁은 속내 부끄럽소

오시고 아니 오심이
내 탓인 줄 모르고

승무僧舞

흰 불꽃 하늘에다
훠이훠이 흩뿌리며

맺힘도 풀었어라
번뇌도 벗었어라

깨끗한 가을 호수에
휘영청 달이 뜬다

달항아리

넘치게 주려 해도
분수만큼 받아 담고

텅 빈 채 머물 때도
무욕청정 높은 자태

비출 뿐 두 맘 없으신
달님 마음 배워서

어우렁더우렁

호랑인 뿔이 없고
황소는 이 무디고

보름달 줄어들고
초승달은 채워지고

천지간 어우렁더우렁
허허 웃어 살잔다

오늘

1

어제에 매지 말고
내일을 걱정 말자

오늘을 내려주신
둥근님 품에 안겨

이 생명 지금 여기를
공들여서 살리라

2

어제에 내린 비로
오늘 옷 적실건가

내일의 비를 피해
오늘 우산 펴들건가

이 세상 숨쉬는 날들
즐겨 즐겨 살리라

꽃달력

창 넘어 설중매가
꿈인 듯 반가울 제

목련화 모란 장미
황국마저 어른댄다

꽃으로 세월 세리라
희망 꼽아 살리라

불이不二

가마솥 찌는 더위
몰아치는 북극 한파

장대비 싹슬바람
휩쓸고 간 역병마저

내리신 자비인 것을
어림조차 못했네

인류세

발 딛고 사는 세상
온 생명 키우는 땅

한목에 끌어온 물
옥토에 범람하니

이 환난 어이 맞으랴
뒤에 오는 사람아

인류 견장肩章

우리만 잘 살겠다
부수고 뺏아오고

함께 살 틈새조차
손을 젓는 오만이다

고요한 평화 짓밟고
번쩍이는 견장들

꽃자리

전염병 소리 없이
내 안에 스며들라

저마다 몸을 사려
만남마저 멀리한다

일상이 꽃자리란 말
이제 와서 알겠네

산정 山情

사람보다 무던한 게
산인 줄만 알았는데

얼마쯤 못 만나도
또 어쩌랴 싶었는데

말 없이 사귀던 정분
이리 깊을 줄이야

손깍지

눈길만 은근해도
입소문 무성했지

기어코 손은 잡아
꽃숲에 숨어 들고

가진 것 모두 놓아도
이 손만은 안되오

달을 짖다

멍청개 달을 보고
멍멍멍 짖는구나

보름달 반달되니
같은 달이 아니란다

실상에 못 미친 안목
저만 몰라 하노라

미훈微醺

혀끝에 돌던 풍미
마음까지 이내 적셔

출렁이던 파도마저
슬며시 잦아 들고

수줍은 너와 나의 꿈
익어가는 참이다

와인 wine 단상

탱탱한 포도송이
높은 지체 내려 놓고

어둠 속 긴긴 숙성
지켜 온 소망 하나

세상에 더 고운 향취
피어나게 함이라

비 상

둥지를 떠나는 날
초롱 눈빛 든든하다

천번 만번 날갯짓이
그 꿈은 창공이라

날아라 저 푸른 하늘
모두 너희 차지다

*졸업식 축하 시

새 해 축원

세월이 주는 나이
자연나이 반겨맞고

몸건강 마음건강
공들여 챙기시고

영성을 빛나게 닦아
둥두렷이 사소서

신호등

달리다 멈춰서고
돌아가다 또 멈추고

신호등 따라 서니
손 흔들며 방긋 웃고

빨노초 예쁜 삼남매
명랑 세상 만드네
     *동시조

예쁜 별

못 본 척 못 들은 척
고집센 사피엔스
하늘 땅 바다까지
재앙은 목에 차고
생명이 이우는 풍경
나 몰라라 잠자네

미워하고 싸우면서
어둠 안긴 사람들아
탐욕의 커튼 저편
앓아 누운 예쁜 별아
코로나 장군죽비가
깊은 잠을 깨운다

한글송

눈 감고 수천년을
어둠 속에 헤맨 무리
그 백성 눈을 뜨게
잠을 잊고 쏟은 정성
거룩타 거룩타 해도
이 성군을 당할까

단아한 스물넉 자
온갖 소리 다 담기고
아무리 깊은 뜻도
넉넉히 드러내고
삼사일 배워 깨치며
환한 미소 꽃핀다

미래를 누릴 사람
자유대한 벗님네야

슬기와 사랑 어린
빼난 글자 발판 삼아

우리네 타고난 슬기
온 누리에 떨치자

    *세계문자올림픽1,2회 연승 금메달 획득 축시
     2020. 10. 14

돌아보며

꽃동산 푸른 나무
봄 햇살에 물색 곱고
뜻 배인 건물들은
숲에 묻혀 한가론데
흘러간 삼십년 세월
주렴처럼 드린다

꿈 모아 나를 보던
초롱한 눈망울들
사나이 젊은 영혼
맑게 씻어 함께하자
그 날의 속 깊은 약속
오늘 다시 새긴다

더운 손에 굳이 잡던
초라한 내 회초리
마음만 앞서 가던
버거운 스승의 길
팍팍한 일상에서도
하늘 끝을 겨눴다

아우님 형님으로
몸 부비며 정든 이들
가슴 속 모두 열어
구비구비 서린 정화
풀향기 꽃내음보다
코끝 찡한 향이여!

*2001년, 30년 교직근속상 소감 시조

여든 즈음

골주름 곱게 패인
미소가 그윽하고

만화방창 붉은 풍광
묵화로만 치는구나

아직도 한 줄기 강물
내 안 휘져 흐르고

노년 일기

　　(1)
첫 햇살 창을 열며
힘찬 하루 품어 안고
기억 속 담겨 있는
보람들도 쓰다듬고
나 비록 광휘 없지만
착한 세월 살려오

　　(2)
흰 머리 여윈 품새
앞자리 면구하여
세상사 접어두고
내 안쪽 바라본다
고요한 진여의 소식
어디메쯤 오는가

(3)
석양을 바라보며
아침해 꿈을 꾸듯
노년의 언덕에서
저 너머도 지레 보자
떨리는 손일지라도
미소지며 흔들게

(4)
일찍이 연이 닿아
잡았던 착한 손들
놓치기 두렵다만
오래 잡긴 어려울 터
가는 게 오는 거란다
이치 따라 흐르자

(5)
시비도 멀리 하고
고집도 내려놓고
사랑의 깊은 마음
나누며 살아야지
얼마나 얕은 물에서
물장구만 쳤던가

(6)
어느덧 팔십 중반
내일 모레 구십일세
금보다 값진 세월
어떻게 살아갈까
하늘과 하나된 숨결
마음부자 되리라

(7)
천지님 품어주고
부모님 키워주고
동포님 도와주고
법률님 지켜주고
사은님 아늑한 품안
복된 삶을 살았네

(8)
정들인 풍경이야
등지기 아쉽다만
은혜의 손길따라
피웠던 값진 날들
서원을 거듭 굳히며
희망의 길 떠나리

몸가짐

정법이 상법 되면
그 죄업 누가 받나

상법이 말법 되면
그 죄업 또 누가 받나

원형을 벗어난 행장
눈을 속여 가리랴

인향만리

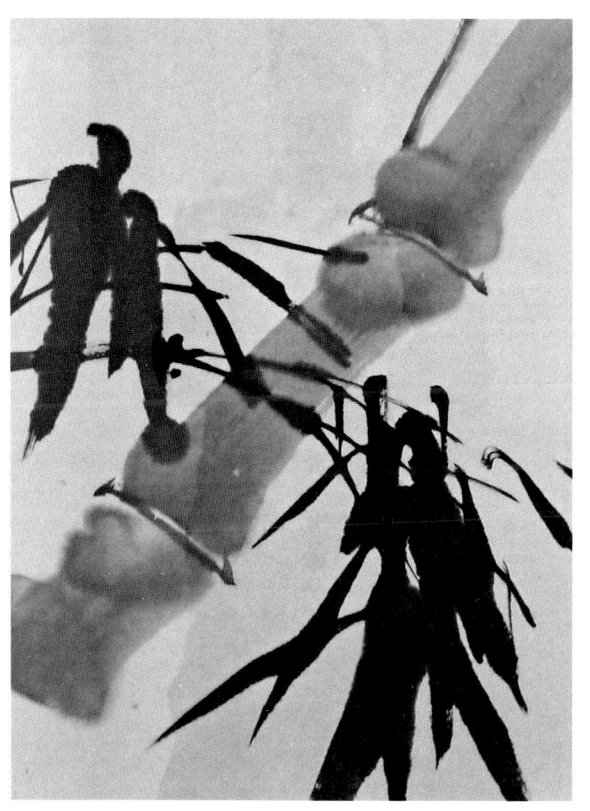

인향만리 人香萬里

난향이 백리 가랴
묵향이 천리 가랴

마음에 덕을 품어
남 몰래 살펴주면

그 향기 바람 없이도
천리만리 가더라

충무공타루비 忠武公墮淚碑

억울한 모함으로
흰옷을 걸치시고

열두 척 헤진 배에
큰 칼을 잡으실 때

악물어 참던 수병들
눈물바다 이뤘네

 *타루비: 여수에 당시 수병들이 세운 충무공 추모비

둥그런 미소
- 오! 신타원 김혜성 종사님

그 겨울 합장 기도 하늘 끝 사무치고
봄 만나 볕 바르니 마음달 더욱 밝혀
이루신 둥그런 미소 연꽃보다 고와라

당신이 올린 기도 복락문 거듭 열고
당신이 바친 공덕 어둔 바다 등대러니
새 회상 일원대도호 힘껏 저어 가리다

- 원남교당 신축 봉불을 보며

연화의 향
   – 추모, 예타원 종사

민망히 여위신 몸 태산이 담겨 있고
나직이 이른 말씀 촉촉히 젖어들고
묵연히 앉아 계셔도 연화의 향 높아라

하얀 연꽃
― 아! 숭타원 종사

벼랑꽃 숨겨진 뜻 헤아리신 숭타원님
전화를 두 번이나 울음 섞여 주시더니
다음 생 다시 보자는 그런 언약이셨나

영부님 뜻 받들어 반야용선 저어갈 제
한마음 정성으로 거친 파도 넘었어라
영원히 바친 그 마음 하얀 연꽃 피웠네

*벼랑꽃:은산의 제1시집 제목

자비와 평화
- 승타원 종사님께

공도의 반듯한 몸 후진들 거울 되사
한평생 굿은 일터 영광의 길이셨네
오늘도 자비와 평화 그 미소를 주시고

도 반

청정심 고이 지녀
밭 갈아 씨 뿌리고

깊은 골 묻혀 산다
장터 쌀값 모를소냐

버리어 이루는 이치
보여주는 사람아

영 웅

만주벌 청산리에
칼바람 속 주먹밥을

해방촌 단칸방에
흠집 난 세발 밥상

보기도 민망한 진지
함박 웃어 드시네

교무 손정윤

웃음끼 덤덤해도 마음 끄는 사람아
굽힘이 없는 기개 일원대도 드러내고
한 티끌 남기지 않은 뒷모습은 향기라

오롯한 정남의 길 마음 씻어 걸으면서
한평생 모든 정성 법공양에 다 바치니
역사의 별빛 언어로 시내 되어 흐르리

반듯한 옷 한 벌도 자기 몸에 안 걸치고
기름진 음식 한 번 입에 넣지 아니했네
평생을 쉬고 쉰 번뇌 이뤄내신 열반락

비구 법정

위패가 단출해서 예 올리기 송구해라
공덕도 무겁다며 봇짐마냥 내려놓고
칼 같은 계율 깊숙이 자비행적 숨겼네

길상사 시주 받아 하룻밤도 머물잖고
천리 산중 오두막은 허리 편히 쉬셨던가
맑고도 향기로운 삶 연꽃으로 피시네

"힘내! 가을이다"

아흔넷 낭만 의사 숨 거두며 속삭인 말
여든 살 내 심장에 아프게 꽂혀 오네
이 가을 흘린 땀으로 복된 겨울 사시라

*여의사 한원주 님, 평생봉사자 2020 졸

이 여인

중키에 굵은 허리 인상은 넉넉하다
직장 일 마치고선 집안 일 분담하고
오래 된 서민 아파트 부부 둘이 산다네

몇벌의 수수한 옷 공무원 매무새로
꾸밈이 없는 말투 숨김이 없는 태도
고향집 어머니 모습 젖어드는 훈훈함

가정은 화목하고 주변은 깔끔하고
자존심 서는 나라 싸우지 않는 세상
독일을 십육년 이끈 앙겔라아 메르켈

　　　- 은퇴 회견을 보며

문향聞香

한바탕 쏟아진 눈
온 세상 길을 덮어

길 잃은 사슴 하나
갈 곳을 모르던 밤

먼발치 익혀온 덕향德香
문향하여 갔더냐

　　　　- 수산 시인댁에 일숙하고 간 사슴

어느 새벽에

빗속에 고운 달빛
불속에서 긷는 샘물

그 달빛 마주하고
맑은 샘물 목 적시고

새벽 선 뒤로 미뤄도
무욕청정 즐겼네

  - 자담 이조경 님 수필집 읽으며

미 소

큰 웃음 즐겨 마라
뒷모습 초라할라

여민 입 담긴 품격
눈가에 피는 온정

청정한 마음밭에서
키워 올린 꽃이다

경청

내 마음 비워야만
바른 말 들려온다

정성을 들이대야
온전히 들려온다

귀에서 들리지 않고
가슴으로 들린다

그리움

스치듯 뵈온 모습
구름으로 피어나고

마음을 적신 음성
머물러 맴을 돌고

오늘도 한 가슴 가득
스며오는 그리움

어머니 마음

한평생 우리 위해
모든 사랑 베푸시고

주시고 또 주시고
남기신 것 하나 없어

맑고도 고운 미소만
봄날처럼 밝아라

쓰리고 아픈 마음
흔적 없이 감추시고

함박꽃 웃음 속에
온갖 이웃 모으시며

한마디 말씀 없이도
이를 말씀 다해라

*송은 교수 가곡집 가사

열반의 밤

백문을 짚어 읽던
하아얀 고운 손이

두껍등 손이 되어
보 위로 드러났네

천 마디 만 마디보다
가슴 애는 언어여!

한 젖에 큰 자식들
숨 죽여 기도하고

자애로 채운 생애
마지막 숨을 골라

바람의 조신한
마중 앞세우고 가시네

- 1995.5.6. 어머님 보내드린 밤

대쪽님

오솔길 조바심길
꽃길인 양 오가시며

노란 잎 여린 나무
거름 지어 키우셨네

한평생 반듯한 걸음
깊게 남긴 발자국

- 교육자 퇴임 축시

촉수활인 觸手活人

따뜻한 님의 손이
우리 아픔 구원하니

거룩한 은혜로다
다시 얻은 생명인 듯

세상을 사랑하는 뜻
피어내는 손이여

— 의료인 찬송

그 손길

사사론 한 생애는
안 난 셈 치자시며

험한 길 꽃길인 양
두맘 없이 걸으셨네

따스한 그 손길 따라
거듭난 저 생명들!

- 성직자 은퇴식 보며

아름다운 보살님

몸가짐 바르셔라
미소도 은은해라

정성도 깊으셔라
겸손도 훈훈해라

얼마나 기나긴 세월
다듬어온 끝일까

승급식 축시

오늘에 받은 영광
안쪽으로 감추소서

감추어 이룬 지혜
가슴에 새기소서

가슴에 피어난 자비
온몸으로 펴소서

한평생 닦은 공덕
한결로 지키소서

영생을 향한 마음
주밀히 챙기소서

어깨 뒤 빛나는 후진
거울 되어 주소서

할머니 용돈

아린 돈 손에 쥐고
시장바닥 돌고 돈다

손주놈 바지 살까
며느리 치마 살까

가난한 아들의 효성
모정 얹혀 되간다

XO 친구

술 한잔 못 하면서
이 귀한 술 웬일인가

변함이 없는 천품
깊은 향 오랜 여운

뒤끝이 깨끗함마저
자넬 닮은 탓일세

      * XO. 최고급 코냑

노우 老友

머언 길 달려와서
반갑다 손을 잡네

힘들어 넘긴 나날
쌓이고 쌓인 정리

주름진 해맑은 얼굴
피어나는 웃음꽃

한 핏줄 아니어도
정 넘친 형제여라

눈 밟혀 그리면서
마음만 초초했지

해·당·화! 높이든 술잔
부딪치며 껄껄껄

*해·당·화 -- 해가 갈수록 당당하고 화려하게!

오! 시천 선생

삼시 끼 못 채워도
책상 앞에 책을 읽혀

이렇듯 앞선 나라
자랑스런 나라됐네

시조로 나라 빛내자
이끌어준 이시여

나의 손주들에게

오늘은 나의 눈에
봄꽃으로 부시지만

내일은 어둔 하늘
착한 별로 반짝여라

그때에 나의 강물도
반짝이며 흐르리

큰 인물 되려 말고
좋은 사람 되었으면

자기만 크려는 자
세상일들 그르치지

이웃과 손을 맞잡아
천심으로 살아라

높은 위 아니어도
높임 받아 살 수 있지

세월이 흘러가도 덕의
향기香氣 오래 가네

역사의 뒤안길에서
그 향香 높게 피어라

심월 心月

보려도 볼 수 없고
안 보려도 보이는 이

그리움 높이 솟아
마음달로 마주하네

아득히 머나먼 거리
한자리가 되었네

피안수업
彼岸修業

피안수업 彼岸修業

보임은 믿음의 눈
안 보임은 불신의 눈

있음과 없음 위의
줄타기도 고달팠지

마음강 둥근 법선에
이 한몸을 맡겼네

이 언덕 저 언덕을
아우르며 흐르는 강

둥그신 진리광명
두 언덕을 고루 비춰

그 광명 내 안에 담아
차안 피안 잊었네

원각성존 대종사 십상 圓覺聖尊大宗師 十相

1. 관천기의상

일곱 살 맑은 영혼 하늘 끝 응시하다
우주와 인간세상 꿰뚫는 의심 일어
갈수록 깊어진 의단 그 끝 여며 잡았네

2. 삼령기원상

전설 속 산신령께 의지하면 풀어질까
삼밭재 오년 정성 응답을 얻지 못해
간절한 구도의 꿈만 굳어가는 성聖소년

3. 구사고행상

이 세상 신통 묘술 도인을 찾아볼까
혹시나 하는 마음 이곳 저곳 헤매어도
마음을 열어주시는 참 스승은 없어라

4. 강변입정상

밖으로 찾는 길은 기약이 허망하고
내 안의 마음 길이 어렴풋 밝아오네
선진포 한나절 입정 그 빛 따라 걸은 길

5. 장항대각상

식음도 잊으신 채 정신 몰아 집중할 제
첫 새벽 동이 트며 영문靈門 활짝 열려오니
사월의 노루목 아래 만고일월 솟았네

6. 영산방언상

새 회상 열자 하니 먼저 다질 일도 많다
마음을 한데 묶고 자립 기반 쌓아야지
누만년 버려진 갯벌 맨손으로 막았네

7. 혈인법인상

마지막 하늘의 뜻 얻어야만 하는 기도
생명조차 바치리라 아홉 분 구세충정
칼 품어 모이신 그 밤 선연하온 피도장

8. 봉래제법상

오만년 세상 이끌 법보 경륜 정리하사
삼학팔조 사은사요 일원종지 드러내니
세상을 밝혀줄 광명 마음마다 등燈일세

9. 신용전법상

새 세상 구세성자 천하 건질 일원광명
아직도 어둔 세력 어리석게 방해해도
마침내 신룡동 성지 둥근 터전 세웠네

10. 계미열반상

눈 푸른 제자들이 무리 지어 모여들고
만대의 구세 정전 손수 엮어 완성하사
이 회상 무궁한 교운 안심하고 가시네

  – 소태산흘 목각 대종사십상에 부쳐 짓다

깨침의 노래

둥그신 진리의 문
공들여 열어가세

마음눈 뜨고 보면
만유가 하나라네

우리 님 높이 든 법등
내 안에서 밝아라

    - 소태산홀 목각 일원상법어 에 부쳐 짓다

대각개교절 3음

소태산 영부님
숨 죽여 살아가는 어둠 속 잰걸음에
낙원 길 둥근 등불 밝혀주신 원각성존
억겁을 거듭 살아도 가이 없는 은혜여

정 전
눈 밝혀 새겨보니 하늘 뜻 드러나고
본래자리 찾는 길목 안개도 사라지고
봄 바다 잔물결 위로 밀려오는 빛이여

옥녀봉
노루목 솟은 해가 앞산만을 비칠리야
하늘 땅 끝까지도 어둠 몰아 달릴지니
옥녀봉 나투신 혈성 해와 함께 돌리라

삶의 기틀

몸으로 받은 생명
숨 멎으면 끝이지만

영혼이 받은 수명
하늘도 못 끊는다

영원히 업연을 이어
몸을 바꿔 산단다

은혜로 열린 세상
빚지며 살아가랴

탐욕과 청정 사이
원망과 감사 사이

자기 복 자기가 지어
자기 몫을 만난다

— 대종경 서품 묵상

부처님 마을

1. 처처불

거룩한 부처님 상 금물 입혀 모셨지만
실상은 온 세상이 자비훈풍 이는 법당
마음눈 크게 뜨면은 곳곳이 다 부처님

2. 자성불

법당에 계시는지 탑묘에 계시는지
하늘에 머무시나 땅 아래 숨으셨나
내 안에 은현자재로 엄연하신 부처님

3. 활 불

고해에 지친 생명 가여워 어찌하나
지혜의 불빛따라 자비의 품을 벌려
이 세상 뒤쳐진 중생 챙기시는 부처님

4. 인연불

조용히 다가와서 내 손을 잡으시네
그 손에 힘을 주어 이 몸을 세우시네
걸음은 너의 몫이다 부처걸음 걸어라

5.경전불

손끝이 가리키는 하늘의 달을 보라
그 광명 받아다가 너의 마음 등을 켜라
그 등불 너를 이끌면 부처걸음 되느니

6.당처불

선조님 부모님과 자식과 며느리며
내 앞의 모든 사람 금수와 초목까지
공경히 모셔야 하는 우리들의 부처님

7. 일원불

언어로 못 그리고 눈으로 못 뵈어도
온 천지 가득한 힘 마음으로 잡아보자
그 기운 내 안에 모셔 영천영지 따르리

8. 사은불

천지님 품어주고 부모님 키워주고
동포님 도와주고 법률님 지켜주고
모두가 우리 살리는 은혜로운 부처님

공·원·정

텅비워—空
호숫물 맑아야만 그림자 뚜렷하다
텅 비워 맑힌 바탕 내 마음 노닐 자리
일체처 두두 물물을 거울 삼아 비추리

가득히—圓
하늘에 솟은 해님 세상을 비추실 때
온 누리 구석 구석 가득히 밝혀 주네
마음 속 밝아진 불빛 햇님처럼 키우리

바르게—正
맑히고 밝힌 영성 구슬처럼 영롱해라
마음 밖에 법이 없고 몸 밖에 길이 없다
몸과 맘 바르게 닦아 낙원길에 들리라

영·기·질

성품―靈
소리도 향도 없고 유,무도 뛰어 넘어
영원히 여여하신 만유의 본체 자리
하늘과 땅 사이에서 숨으신 듯 숨쉬네

생동―氣
자라고 움직이고 만유가 짓는 동작
고요하고 요란하고 내 맘이 짓는 생각
세상의 천변 만화를 이뤄내는 힘이여

형상―質
땅이며 물이며 불이며 바람이며
형상을 지어주신 인연의 묘법이여
다하여 흩어질 때도 무념이신 은혜여

법어 1

비 오고 그치심은
하늘이 맡으신 바

씨 뿌려 거두는 건
우리의 일이라네

주시는 은혜 받들어
풍년 세상 가꾸리

        *稼穡由人

법어 2

매섭게 이를 때도
둥근 도리 본을 삼고

원만함 도모하나
근본자리 꼭 지켜라

진리를 따르는 삶만
너희 삶이 되느니

굽어짐 바룰 때도
진리를 먹줄 삼고

모두를 어룰 때도
진리 앞에 반듯해라

진리와 멀어진 취사
쓰일 곳이 없나니

*방원합도方圓合道

믿음

가 없는 하늘 믿어
철새들 높이 날고

끝 모를 바다 믿어
고래떼도 춤을 춘다

우리야 가득한 은혜
더위잡아 사느니

출가축원송

법계가 보낸 음성
귀기울여 들으시고

영부님 구세경륜
구슬로 드러내서

한 둥근 따뜻한 세상
이뤄지게 하소서

관조觀照

등골을 곧추세워
마음 하나 부여잡고

먼 고향 잊힌 풍광
고누어 비춰본다

태초의 깨끗한 그림
내 가슴 속 벽화어

무영수 無影樹

춘산에 곱던 꽃들
소문 없이 사라지고

여름꽃 파안대소
추풍이 쓸어가네

내 안에 키운 나무야
꽃 질 날이 있으랴

포살 布薩

스스로 묶은 마음
풀릴까 여며매고

내 안에 안 들일 맘
무섭게 쓸어내도

열닷새 짧은 흐름에
숱한 허물 떠가네

법설

1
감로천 코앞인데
목 말라 기진하고

차린 상 안에 두고
문 밖에서 밥을 비네

해님이 저리 밝은데
눈을 못 뜬 사람아

2
늦저녁 밥 지으러
불씨 빌러 나선 처사

집집이 잠이 들어
헛걸음 치고 왔네

방안에 잦아들던 등
불씨인 줄 모르고

사상四相

아상我相

내 안에 가득찬 나 자랑으로 여겼었지
비우고 비우란 말 귓전으로 흘렸었지
누구도 들일 수 없어 내가 나를 가뒀네

인상人相

내 어찌 낮은 류와 어울릴 수 있냐면서
너와 나 갈라놓고 매몰차게 차별하네
생명의 소종래 보면 우린 모두 하난데

중생상衆生相

마을 안 큰 부자를 어찌 감히 넘보냐며
스스로 물러앉아 문 밖에서 구걸하네
내 안에 고이 숨겨진 금강보배 모른 채

수자상壽者相

옳고 그름 가리는데 연령 지위 앞세우니
육신의 노소귀천 자성에도 있다던가
세월도 형상도 없는 본래자리 보시라

니르바나

넉넉하게—常

어렵게 받은 이 몸 이내 변해 사라질까
있는 듯 없는 것이 없는 듯 있는 것이
끝없이 돌고 도나니 넉넉하게 살리라

즐거웁게— 樂

세상사 허무하다 어둠 속에 묻혀 살랴
마음눈 크게 뜨고 문밖으로 나가보자
어딘들 맑고 밝은 뜻 펼칠 곳이 없으랴

하나되어—我

너와 나 갈라 놓고 싸워야만 하는 세상
작은 나 탈을 벗자 모두가 하나라네
인생사 이기고 짐을 부질없다 하느니

깨끗하게—淨

더럽고 깨끗하고 뿌리가 따로 있나
때 묻으면 더러웁고 씻어내면 깨끗하네
욕심을 씻어낸 자리 늘 거기에 머물자

법구法具

법상에 놓인 죽비
크다가도 작아지네

놓이는 자리따라
오락가락 하는구나

법구는 맑은 울림만
생명으로 삼느니

신보信步

큰 가마 물리치고
내 걸음만 믿고 가니

세상길 어느 하나
탄탄대로 아니던가

분수 밖 눈길 돌리면
험한 대접 만나리

빙천 憑天

사람 꾀 영악하나
머잖아 드러나고

호리도 어김 없는
억만년 하늘 역사役事

그 안에 순명할진댄
거칠 것이 없어라

도비신외 道非身外

성도成道가 무엇인가
큰 지혜 이루는 것

큰 지혜 무엇인가
내 안에 뜬 광명이다

그 광명 밖을 밝혀야
참된 성도 되리라

> *원래 '태산 각석' 구句

본래 마음 無所得

본래에 내 것이란
하나도 없는 것을

내 것을 만들자니
집착 죄업 따라오네

무소득 본래 마음에
편안하게 살리라

마음 접어 無所有

보이면 있는 건가
안 보이면 없는 건가

쥐어야 내 것이고
나누면 남의 건가

어차피 분별 없나니
마음 접어 살리라

고요한 평화 無所求

공산무인 수류화개
천진난만 그대롤세

무에 더 아쉬웁다
부질없이 마음 쓰랴

무소구 고요한 평화
그 가운데 살리라

참모습 無住相

오로지 겉모습만
섬기며 살았더냐

머잖아 다 사라질
허망한 그림자들

참모습 알려주시는
은혜 속에 살리라

둥두렷이 無所住

치우쳐 자리 잡고
마음을 쓰지 말라

본래의 둥근 마음
여여히 지켜내서

하늘의 해와 달같이
둥두렷이 살리라

보은송

천지은 내 영혼에
부모은 내 가슴에

동포님 손을 잡고
법률님 벗 삼아서

가없이 주시는 사랑
끝내 갚아 가리라

익산성지

그리던 익산성지
도량 순례 다 마치고

한 선진 울 밖으로
산책이나 하자신다

황등벌 송학리 만석리
옛 숨소리 들으러

수행기도

내 마음 먼저 맑혀
맑은 세상 가꾸리라

내 지혜 먼저 밝혀
밝은 세상 가꾸리라

내 언행 먼저 바루어
바른 세상 가꾸리라

⟨평설⟩

인공지능과 함께 다가와야 할 '하늘마음'의 시대
– 은산 송경은 시조집 『하늘마음』 평설

김광원(시인, 문학평론가)

1. 마음, 절대계와 현상계의 통로

바야흐로 세계는 격변하고 있다. 인간 삶의 기본적 토대가 요동하고 있다. 이념적으로 좌우대립의 충돌이 일어나고 있고, 물질문명의 판도도 가히 혁명적 수준이다. 현재 이 물질문명의 격변을 끌어가고 있는 것은 인공지능이다. 인공지능을 통해 일어나고 있는 변화의 실상 앞에서 인류는 지금 잔뜩 긴장하고 있다.

근원적으로 우주는 음양상승陰陽相勝의 원리로 돌아가는 바, 영성이 높은 지도자는 당대의 돌아가는 기운을 통해 세계의 변화에 맞는 해결책을 내놓는 지혜를 발휘해오곤 했다. 원불교의 교조 소태산 박중빈(朴重彬, 1891~1943)의 사상과 미래를 내다보는 그의 혜안은 인공지능 등으로 변화의 격변기를 맞이한 현 문명세계에 어울릴 해답을 제시하였다. "물질이 개벽되니 정신을 개벽하자"라는 원불교의 개교 표어는 이즈음의 시기에 더욱 실감나게 다가온다. 놀라운 속도로 변화하는 현 물질문명의 정상적 발전을 위해 필요한 것이 정신의 개벽이라는 사실을 소태산은 100여 년 전에 이미 내놓았던 것이다.

> 만유가 한 체성이며 만법이 한 근원이로다. 이 가운데 생멸 없는 도와 인과 보응되는 이치가 서로 바탕하여 한 두렷한 기틀을 지었도다.(『대종경』 '서품')

위 내용은 1916년 소태산이 대각을 얻은 후 내놓은 깨달음의 소식이다. 과거 성인들은 각기 나름대로 우주가 하나의 진리로 돌아간다는 사실을 내놓았던바, 소태산의 대각일성 大覺一聲 역시 우주 운행의 실상을 매우 간명하게 내놓은 것이다. 우주가 품고 있는 절대계의 근본원리(생멸 없는 도)와 현상계의 보편법칙(인과보응)을 아우르고 있는 이 표현의 이치는 명확하다. 만유의 현상을 대표하는 인과보응의 이치가 이미 생멸 없는 도의 세계 속에 갈무리되어 있다가 나타난다는 것이다. 『반야심경』의 "색불이공 공불이색 색즉시공 공즉시색"이 뜻하는 바와 다르지 아니하다. 절대계[空]와 현상계[色]는 하나로 엮어져 운행되는 것이기에 불이不二의 관계라는 것이다. 이 불이의 세계를 이해하게 하는 통로가 바로 '마음'이다.

은산恩山 송경은宋京慇 시인이 내놓는 제2 시조집 『하늘마음』은 제1 시조집 『벼랑꽃』과 마찬가지로 시종일관 이 붙이의 '마음'을 중심 주제로 다루고 있다. 먼저 시조집 서문에서 강조하고 있는 '내 몫의 자유'가 의미하는 바를 살펴본다. 필자가 은산의 제1시조집 『벼랑꽃』의 평설을 쓰면서 서두에 그의 시 「아버지 주산」을 인용한바, 여기에는 "그 자리에 / 고스란히 내 몫의 아버지를 바칩니다."라는 표현이 들어 있다. 여기서 '내 몫의 아버지'라는 표현이 눈에 들어온다. 이 말이 의미하는 바를 필자가 쓴 『벼랑꽃』의 평설 일부를 통해 살펴본다.

　이후 많은 세월이 흘러, 송경은 시인의 「아버지 주산」을 보면 아버지 주산의 뜻을 이미 체득한 경지가 충분히 엿보인다. "그 자리에 / 고스란히 내 몫의 아버지를 바칩니다"라는 표현이 그것이다. 아버지를 "영원한 순교자, 진리의 동반자"라고 호칭하고 아버지를 '공도의 길'에 바치면서 송경은 시인은 아버지를 잃은 어린 시절과 청년 시절의 고통과 이후 진리를 향하여 살아왔을 자신의 모든 아픔을 녹여낸 것이다. 이렇게 송경은 시인의 삶은 아버지 주산을 닮아가는 삶이었을 것이고, 이는 결국 이 세계를 일원의 불국토로 만드는 대승의 정신을 실천하는 일이었을 것이다.(『원불교문학 23집』 2024)

　위 글은 은산 시인이 1991년 '대각여래위'로 추존된 아버지 주산을 주제로 하여 쓴 시 「아버지 주산」에 대한 해설의 일부이다. 아버지 주산主山 송도성 종사[1]가 40세의 젊은 나이에 열반하면서 어머니 박길선 종사[2]는 물론이거니와 은산 송경은 시인을 비롯한 5남 1녀의 자녀들이 겪었을 고통은 이루 말할 수 없었으리라. 결국 시의 핵심은 모든 고통을 극복하고 마침내 은산은 아버지 주산이라는 '내 몫의 아버지'를 '공도의 길'에 바친다는 것이다. 내 아버지라는 개인적인 상相을 지우고 아버지를 공도의 길에 바친다 함은 은산의 인생에서 큰 의미를 지닌다 할 것이다. 위의 인용문 "이렇게 송경은 시인의 삶은 아버지 주산을 닮아가는 삶이었을 것이고, 이는 결국 이 세계를 일원의 불국토로 만드는 대승의 정신을 실천하는 일이었을 것이다."라는 표현은 시 속에 담긴 은산의 의지를 밝힌 것이라 하겠다.

'내 몫의 자유'에서 '내'라는 것은 시인 자신을 의미하는 것에서 그치지 않는다 할 것이다. 모든 인간은 본래 하늘로부터 부여받은 자기 몫의 자유를 지니고 태어난다는 사실을 함유한다.

---

1) 주산(主山) 송도성(1907~1946), 본명: 宋道悅 법명: 道性, 법호: 主山, 원불교 2대 종법사인 정산 송규 종사의 동생, 1928년 원불교 교조 소태산 박중빈의 장녀 박길선과 결혼하였고, 원불교 총부의 총무부장 교정원장을 역임하였으며, 해방 직후 전재동포구호사업에 몰두하던 중 건강이 악화되어 열반함. 소태산대종사탄생100주년 성업봉찬대회(1991)를 맞아 법위가 '대각여래위'로 추존됨.
2) 박길선(朴吉善, 1909~1994), 법호: 청타원(淸陀圓), 법훈: 종사, 소태산 대종사의 장녀.

이것이 곧 은산 시인이 시조를 창작하고, 시조집을 발간하는 진정한 이유일 것이다. 시집의 '서문'에서 "마음의 참된 자유를 얻어 일하고, 노래하고, 운동하고, 사랑하고, 행복하고 싶은 것이다. 이런 '내 몫의 자유'의 파이를 키워보자는 것이 우리의 이상이다."라는 표현에는 이미 바깥세계를 향한 대승의 정신이 발휘되고 있다 할 것이다.

2. 가없는 사랑, 끝내 갚으리라

 은산 송경은 시인의 금번 시집 『하늘마음』 중 '피안수업' 장에서 가장 많이 등장하는 시어는 '마음'이란 단어이다. '마음' 외에도 '마음강' '마음눈' '마음등'이란 단어를 만나게 된다. 『대종경大宗經』 '성리품'에서도 "큰 도는 서로 통하여 간격이 없건마는 사람이 그것을 알지 못하므로 간격을 짓게 되나니, 누구나 만법을 통하여 한 마음 밝히는 이치를 알아 행하면 가히 대원정각大圓正覺을 얻으리라."라고 하여 도를 얻는 것은 결국 '마음'을 밝게 깨우쳐 알고 그 깨우쳐 알게 된 바를 행하는 것임을 밝히고 있다. 그런데 여기서 중요한 단서가 제공되고 있는바, 그 한 마음을 밝히는 이치는 현상계에서 일어나는 만법을 통하여 알 수 있다고 암시하고 있다는 사실이다. 만법이 돌아가는 이치나 마음이 품고 있는 원리는 둘이 아님을 말한 것이 된다.

 은산의 시집 『하늘마음』 중 '피안수업' 장章은 진리를 공부하고 실천하는 입장에서 바로 이 '마음'의 세계를 드러낸 장이라 할 것이다. 은산 자신도 시집의 서문을 통해 "대부분의 사람들은 본래의 자기를 찾아내고, 모든 속박을 벗어나 '내 몫의 자유'를 얻기 위해 신앙과 수행의 길로 들어서게 된다. … 겸손한 태도를 갖추어 육안으로 안 보이는 세계를 심안으로 보고 싶다"라는 표현으로 '피안수업'의 취지를 밝히고 있다. 작품 「피안수업」에는 시공을 초월한 '마음'을 어떤 과정을 통해 얻게 되는지, 그 '마음'을 얻은 후에는 이 세상을 어떻게 바라보고 실천하며 살아가게 되는지를 알 수 있게 한다.

 이 언덕 저 언덕을 아우르며 흐르는 강
 둥그신 진리광명 두 언덕을 고루 비춰
 그 광명 내 안에 담아 차안 피안 잊었네 -「피안수업」 일부

 성현들은 진리는 생각을 통해 얻어지는 것이 아님을 강조하였다. 생각은 변화하는 한 작용이기에 변화하는 그 자리에서는 진리의 실체[참나, 한마음]를 직관할 수가 없다. 그 실체를 직관하기 위해서는 시간성과 공간성을 초월한 자리로 들어가야 한다. 대종경 수행품 12장 "망념을 쉬고 진성을 길러서 오직 공적영지空寂靈知가 앞에 나타나게 하자는 것이 선禪이니"의 '공적영지'라는 표현이 바로 그것이다. '공적空寂'은 시공을 초월한 텅 빈 세계를 말하는 것이요, '영지靈知'는

그 텅 빈 세계의 고요함 속에 느껴지는 미묘한 알아차림을 의미한다. '공적'을 무극無極의 세계라 한다면, '영지'는 현상계로 드러나기 직전의 태극太極의 세계라 할 것이다. 이는 언어로 이해되는 세계가 아니며 오로지 직관적 체험을 통해 다가오는 세계이다.

위의 시조는 2연의 연시조「피안수업」중 뒷부분이다. 여기에는 법신불 일원상의 실상이 제시되고 있는바 중요한 사실을 담고 있다. 초장 "이 언덕 저 언덕을 아우르며 흐르는 강"은 현상계와 절대계는 따로따로가 아니며 항상 동시에 붙어서 작용하는 것임을 보여준다. 중장의 "둥그신 진리광명 두 언덕을 고루 비춰"에서도 "둥그신 진리광명"인 일원상은 현상계와 절대계라고 하는 두 언덕을 동시에 고루 비추는 것임을 밝히고 있다. "그 광명 내 안에 담아 차안 피안 잊었네" 2연의 종장은 2연의 마무리이면서 동시에 작품「피안수업」의 최종 마무리로서 기능을 다하고 있다. 내 안의 광명 속에서 차안과 피안을 모두 잊었다는 것은 진정한 깨달음의 세계는 현상계과 절대계, 색과 공이라는 분별심을 초월할 때 얻어지는 것임을 말한 것이라 하겠다.『반야심경』의 "색즉시공 공즉시색"이 말하는 세계요, 현상계에 살면서 '참나'를 품고 살아가는 평상심의 세계를 말한 것이 된다.

은산의 제2시조집『하늘마음』은 네 개의 장으로 나누어져 있으되 그 근본은 마음의 세계를 표현한 것이라는 점에서 공통성을 띤다 하겠고, 그 마음의 실상을 알아서 배우고 닮아가는 것이 곧 도의 세계를 공부하는 일임을 드러낸다. 총 네 개의 장 중 '피안수업'은 원불교 교리의 중심이 될 만한 도[진리]의 세계를 다수 밝히고 있는바, 그 중 핵심을 다루고 있는 작품이 「공・원・정」이라 할 것이다. 소태산은 비록 이름은 다르나 유가의 무극 혹은 태극, 선가의 자연 혹은 도, 불가의 청정 법신불을 포괄하는 것이 원불교의 '일원一圓'임을 말하면서 이 일원의 진리를 요약하여 '공・원・정'으로 밝혀준 바 있다.

    텅비워…空
호숫물 맑아야만 그림자 뚜렷하다
텅 비워 맑힌 바탕 내 마음 노닐 자리
일체처 두두 물물을 거울 삼아 비추리

    가득히…圓
하늘에 솟은 해님 세상을 비추실 때
온 누리 구석 구석 가득히 밝혀주네
마음 속 밝아진 불빛 햇님처럼 키우리

    바르게…正
맑히고 밝힌 영성 구슬처럼 영롱해라
마음 밖에 법이 없고 몸 밖에 길이 없다
몸과 맘 바르게 닦아 낙원길에 들리라 –「공・원・정」전문

『대종경』 '교의품'의 '공空・원圓・정正'에 대한 풀이를

기본으로 하여 감상해 본다. 연시조 「공·원·정」의 1연 작품에는 '텅비워…空'이라는 소제목을 달고 있다. 이 시를 감상하면서 느껴지는 것은 견성, 양성, 솔성 등 어려운 추상적 언어를 통하여 경전의 내용을 이해하는 것보다 호숫물, 그림자, 맑힌 바탕, 노닐 자리, 두두 물물, 거울 등 구체적인 시어를 통하여 형상화하고 있는 시조 작품이 일원의 진리 세계를 한결 명확하고 밝게 전달할 수 있다는 사실이다. '일체처 두두 물물' 즉 '모든 곳에 놓여 있는 개개의 사물'은 텅 빈 공空의 불성을 지니지 않은 것이 없다는 것인즉 우리는 눈앞의 모든 사물을 자신의 거울로 삼아 공부하라는 것이다.

연시조 「공·원·정」의 2연 작품 '가득히…圓'을 살펴본다. '교의품'의 '원圓'에 해당하는 내용은 "마음의 거래 없는 것"[양성養成], "지량知量이 광대하여 막힘이 없는 것"[견성見性], "모든 일에 무착행을 하는 것"[솔성率性]으로 나타나고 있다. 이런 내용을 종합하면 '참나'로 일컬어지는 '일원' 속에는 어느 상황에도 막힘이 없고 치우침이 없을 만큼 진리가 완벽하게 가득 차 있다는 것이다. 1연에서와 마찬가지로 2연에서는 일원의 신리가 터져 나오는 모습을 구체적인 단어의 형상화로 그려내고 있는바, "하늘에 솟은 해님"이 온 누리를 차별 없이 밝혀주는 모습을 보여준다. 특히 1연의 종장에서처럼 2연의 종장에서도 절대계와 현상계를 하나로 알고 살아가는 공부인의 의지를 보여준다. "마음 속 밝아진 불빛 해님처럼 키우리"가 그것이다. 불성을 발견하여 밝아진 마음을 계속 향상시키어 '보리심'을 키워나가겠다는 다짐을 보여주고 있다.

이어서 3연 작품 '바르게…正'을 살펴본다. '교의품'의 '정正'에 해당하는 내용은 "마음이 기울어지지 않는 것", "아는 것이 적실하여 모든 사물을 바르게 보고 바르게 판단하는 것", "모든 일에 중도행을 하는 것"으로 표현되고 있다. 진리는 바르지 않은 것을 바르게 잡으려는 힘을 내포하고 있다는 사실을 강조한 것이라 할 것이다. 내가 행해야 할 법과 길은 '나'의 내부에서 찾아지는 것이며, 심신을 바르게 닦아 영성을 구슬처럼 영롱하게 하는 일이 낙원길이라는 사실을 말하고 있다. 특히 종장의 "몸과 맘 바르게 닦아"는 현상계를 살아가는 수도인에게 필요한 것이 '계율'이라는 사실을 강조한 것이라 하겠다. 이렇게 보면 이 작품 「공·원·정」은 '계정혜戒定慧'의 실천과 밀접하게 연결되고 있음을 알 수 있다.

법계가 보낸 음성 귀기울여 들으시고
영부님 구세경륜 구슬로 드러내서
한 둥근 따뜻한 세상 이뤄지게 하소서 – 「출가축원송」 전문

「출가축원송」의 초장 "법계가 보낸 음성 귀기울여 들으시고"에서 '법계가 보낸 음성'의 정체를 먼저 새겨볼 필요가 있다. 이 '음성'은 물론 영적으로 들려오는 것으로 시간과 공

간을 초월한 법신불 일원의 세계에서 들려오는 음성이라 할 것이다. 소태산 대종사는 교의품에서 "인지가 발달되고 생활이 향상되는 이 시대에 어찌 좁은 법만으로 교화를 할 수 있으리요."라고 하면서 교화의 시대성을 강조하였으며, "마땅히 원융한 불법으로 개인·가정·사회·국가·세계에 두루 활용되게 하여야 할 것이니 이것이 내 법의 주체니라."라고 하여 시대가 발달한 만큼 어느 장소, 어느 문명세계에서도 통할 수 있는 교화의 필요성을 강조하였다.

그런 측면에서 보면 '법계가 보낸 음성'은 곧 '일원의 진리'라고 할 수 있겠고, "귀기울여 들으시고"의 주체는 그 음성을 듣는 각자 내부에 존재하는 '양심良心'이라는 사실을 알 수 있다. '양심'은 시간과 공간을 초월하여 존재하는 불변의 것으로서 불교의 '즉심시불卽心是佛'이나 천도교의 '인내천人乃天' 사상 등은 바로 인간이 지닌 '양심'을 바탕으로 펼쳐내는 주장임을 알게 한다. "그대들의 마음은 곧 하늘의 마음이라"라고 한 소태산의 취지에는 이미 인간이 지닌 '양심'의 진정한 뜻을 밝힌 것이라 하겠다. 이렇게 보면 '양심'은 하늘과 인간을 이어주는 통로인 것이다. 『대종경』에는 '양심'에 대한 상당수의 내용이 수록되어 있는바, 이중 일부를 인용해 본다.

> 그대들은 어떠한 고난과 파란에도 그 마음을 끌리지 말고 각자 각자가 본래의 양심만 잘 지켜서 끝까지 목적 달성에 매

진한다면 우리의 대업은 원만히 성취될 줄로 확신하노라.(교의품 33장)

남들이 무엇이라고 할 때에는 나는 나의 실지를 조사하여 양심에 부끄러울 바가 없는 일이면 비록 천만 사람이 비난을 하더라도 백절불굴의 용력으로 꾸준히 진행할 것이요, 남이 아무리 찬성을 하더라도 양심상 하지 못할 일이면 헌신같이 버리기를 주저하지 말 것이니, 이것이 곧 자력 있는 공부인이 하는 일이니라.(인도품 37장)

위의 내용을 통해서 보더라도, 사람마다 그 쓰임은 다르게 나타난다 할지라도 '양심'은 인간 누구에게나 공통적으로 주어져 있는 것임을 알 수 있으며, 시공을 초월한 것으로서 상대적인 것이 아니요 절대성을 지닌 것임을 직관하게 한다. 그런즉 도道의 길에서 명상을 하고 참선을 하게 되는 근본적인 이유는 살아오면서 길들여진 무지無知와 아집我執을 내려놓고 '하늘'[절대계]이 들려주는 '하늘마음'[양심]을 듣고자 하는 것임을 알 수 있다. 그런즉 「출가축원송」의 초중장 내용은, 자신 내부에 주어진 '양심'을 환히 밝히고 '하늘'의 뜻을 깨우침으로써 세상을 구하고자 하는 대종사님의 계획과 포부를 손바닥의 구슬처럼 환히 알아내라는 것임을 알 수 있게 된다. 종장 "한 둥근 따뜻한 세상 이뤄지게 하소서"는 정신의 세력을 확장하여 파란고해의 일체생령을 광대무량한 낙원으로 인도하고자 한다는 개교의 동기를 형상화한 것임을 알 수 있다.

 천지은 내 영혼에 부모은 내 가슴에
 동포님 손을 잡고 법률님 벗 삼아서
 가없이 주시는 사랑 끝내 갚아 가리라 －「보은송」전문

 위의 시 「보은송」은, 인간은 천지, 부모, 동포, 법률이라는 네 가지 존재의 은혜를 입고 살아가고 있음을 인정하는 데서 시작한다. '나'라는 존재의 원인이 네 가지의 은혜 곧 사은四恩이라는 사실을 알게 되었으니, 내가 인간으로서 실천해야 할 마땅한 도리 역시 '사랑'이어야 함을 자연스럽게 그려낸 시라 할 것이다. 그렇다면 그 사랑을 어떻게 갚아야 하는가. 『정전』의 '천지 보은의 조목'에는 천지가 운행하는 이치로서 '천지팔도天地八道'를 밝혀주고 있으니, "광명, 정성, 공정, 순리자연, 무량, 해탈, 수용, 무념"이 그것이다. 곧 이 천지팔도는 법신불 일원의 내적 형상을 풀이한 것이요, 우주 운행의 근본 원리를 밝힌 것이라 할 것이다.

 원불교 교리의 핵심을 담은 '일원상서원문'에는 "이 법신불 일원상을 체받아서"라는 구절이 나오는바, 이는 우주가 '천지팔도'의 이치로 운행되니 도를 공부하기로 하면 마땅히 '천지팔도'를 닮아가는 공부를 하라는 것이다. 여기서 「보은송」의 종장 "가없이 주시는 사랑 끝내 갚아 가리라"의 의미가 비로소 드러난다. "가없이 주시는 사랑"은 천지팔도

의 사랑이요, 언어도단의 무량한 자비심이라는 사실을 알 수 있다. 문구로 나타나는 시적 표현은 지극히 평범한 듯하지만, 그 평범함 속에는 상대성을 초월한 '참나'의 세계를 담고 있으니, 불이不二의 정신으로 온 세계를 화엄세계로 만들고자 하는 간절한 성불제중成佛濟衆의 염원을 담고 있는 시라 하겠다.

3. 꽃동산 훨훨, 꽃과 함께 살리라

은산 시인의 시조집 『하늘마음』은 그동안 원불교 교도로서 품어온 큰 숙제 하나를 해결한 결과물이 아닌가 여겨진다. 원불교의 남다른 혈통을 받고 살아온 그가 자신에게 주어진 큰 은혜를 제대로 풀어낼 수 있는 길은 무엇일까? 무수한 길이 있을 수 있겠으나, 그 어떤 길을 가든 최고의 가치는 도의 실천을 통해서 이루어지는 것이라 할 수 있을 것이다. 물론 평생에 걸친 교육자로서의 삶을 통해서도 헤아릴 수 없이 많은 '상구보리 하화중생'의 면모를 보여 주었으리라. 그러나 도의 실천이라는 측면에서 은산 시인이 펼쳐내는 이번 시집 『하늘마음』은 특별한 의미를 지닌다. 그가 내놓은 이번 작품집은 천지로부터 받은 무한한 은혜에 대한 보은의 결실물로 여겨지기 때문이다.

이번 시집이 원불교 교도로서 법신불 일원의 진리를 펼쳐낸다고 하는 다소 제한적 측면이 있다고는 하나, 우주가 품고 있는 진리의 세계를 일상적인 평이한 언어로 이처럼 환하고 명쾌하게 보여준 시집이 있었던가. 게다가 이 깨달음의 시편들은 율격을 지닌 시조라는 형식으로 창작된 것이기에 더욱 손에 잡히는 듯 친근함을 준다. 깨달음의 시이기에 바라보는 자의 안목만큼 감상이 이루어지겠으나, 평이한 언어들로 형상화되어 있는 이 작품들은 어느 누구라도 읽으면 그 뜻을 헤아릴 수 있도록 창작되었다.

은산 시인은 시집의 4장 '피안수업'은 '내 몫의 자유'를 얻기 위해 수행을 해오면서 얻어낸 결과물임을 머릿글에서 밝히었다. 그리하여 필자는 네 번째 장 '피안수업'의 시를 마음의 '체體'로 여겨 평설의 앞부분에 배치하고, 1장 '눈향나무', 2장 '눈은 오고', 3장 '인향천리'는 마음의 '용用'으로 보아 뒷부분에 배치하였다. 각 장의 일부 작품을 통해서라도 우주 자연의 현상들 속에서 대승의 도가 어떻게 찾아질 수 있는지(1장), 보살도를 수행하며 살아가는 삶이 현장 속에서 어떻게 작용하고 있는지(2장), 도를 실천하며 살아가는 인연들이 만나면 어떻게 운치를 띠게 되는지(3장)를 살펴볼 수 있으리라는 기대감을 가져보는 것이다.

1) 눈향나무

은산 시인은 시집 머릿글에서 이 '눈향나무' 장과 관련하여 언급하기를 "나는 내가 발 딛고 사는 이 우주 자연의 모습과 이치를 은혜로 느끼며 살아왔고, 그 자연과 한 호흡으로 살기를 기대한다. 그래서 자연을 찬양하고, 자연에서 인생을 배우고, 자연을 더 잘 가꿔가고 싶다."라고 하였다. 이 장에는 대자연을 바라보는 은산 시인의 다양한 시선들이 활짝 펼쳐져 있다. 그는 서문에서 인간은 '마음'을 품고 있는 신령한 존재이기에 우주를 품을 능력이 있다고 하였으며, 그러하기에 "내 삶의 의미와 가치를 무한히 확대, 창조"할 수 있음을 말하였다. 인간에게는 누구에게나 '내 몫의 자유'가 주어져 있을진대 우리는 과연 그 '자유'를 얼마나 누리고 있을까. 사물을 바라보는 그의 시선을 따라 '내 몫의 자유'가 어떻게 발현되고 있는지를 살펴보는 것만으로도 큰 즐거움을 준다. 각 장마다 몇 작품씩 감상해 본다.

바람의 장단 따라 휩쓸려 내리는가
저마다 앉을 자리 몸부림쳐 찾아가나
난장 속 그 가운데도 한 질서가 사느니　－「강설降雪」전문

바람 부는 날 어지럽게 눈발이 날리는 풍경이 연상된다. 아득한 하늘 전체가 혼돈 속이고 눈발 하나하나가 고요히 앉을 자리가 없이 뒤집어지는 모습이다. 말 그대로 어지럽게 모이고 흩어지는 난장의 모습을 떠올릴 수 있다. 시인은 이런 속에서 '질서'를 찾아내고 있다. 시인이 말하는 '질서'라는 단어는 과연 어떤 상징을 담아내고 있을까. 사실 우리가 살아가는 현상계의 어떤 자리에서도 규칙성이 찾아지지 않는 곳

은 없을 것이다. 하늘, 바다, 사막, 땅속, 숲 어디에서도 규칙성은 찾아진다. 현상계에 존재하는 어떤 현상이든 이를 간단히 정리해 주는 말이 '음양오행'이라는 말이라 할 것이다. 지수화풍地水火風이 모이고 흩어지면서 이루어지는 작용이다. 현상계가 이렇게 움직이는 것을 바라보고 텅 빈 본래의 자성自性에 내재한 근본 원리를 알아내는 것이 직관의 세계라 할 것이다.

앞에서 말한 '공空·원圓·정正'의 세계가 바로 우주의 본래면목을 밝히는 큰 기틀이라 할 수 있을 것이다. 텅 비어 있으되 원만함이 가득 차 있고, 그러기에 바르지 않은 것을 만나면 바르게 되돌리려는 근본적 성질을 가지고 있는 것이 절대계의 원리라는 것이다. 이 일원의 진리는 시공을 초월한 자리의 무극 상태이면서 동시에 스스로 깨어 있어 태극 상태가 되며, 나아가 현상계로 작용하면서 음양오행의 이치로 펼쳐지게 된다. 결국 '한마음'이 분화하여 작용하는 것을 인의예지, 육바라밀, 천지팔도 등의 각기 다른 표현으로 부르게 되는 것이다. 결국 한마디로 응축하면 우주 대자연의 현상은 정서적 표현으로 '보리심菩提心' 또는 '사랑'이라는 말로 부를 수 있게 된다. 은산 시인이 「강설降雪」을 통해 발견하고 있는 '질서'는 '일원一圓'의 진리이면서 동시에 '인仁', '사랑', '보리심'이라는 말로 바꾸어 부를 수 있을 것이다.

베풀어 주신 생명 껍질에 조여 살 제

참고 또 참으면서 지켜온 바람 하나
꽃동산 훨훨 날으며 꽃과 함께 살리라 −「우화」전문

 이 시의 '우화羽化'는 애벌레가 번데기가 되었다가 날개 달린 나비나 매미로 변신하는 세계, 곧 인간이 자신의 본성을 회복하여 비로소 신선이 되어 하늘로 오르는 '우화등선羽化登仙'의 세계를 상징한다. 그런즉 이 시「우화」는 시인이 머랏글에서 밝힌 바의 내용에도 충실하고, 시인이 강조하는 '내 몫의 자유'가 의미하는 뜻에도 어울리는 작품이 된다. 그는 인간의 마음은 신령한 존재이기에 상상할 수 없이 큰 우주를 품을 수 있다고 하였으며, 그리하여 삶의 의미와 가치를 무한히 확대, 창조할 수 있다고 하였다. 그러한바, 이 작품의 초장과 중장은 하늘이 자신에게 부여한 천명을 밝혀나가는 과정이며, '법신불 일원'의 세계가 품고 있는 형상[인의예지신, 육바라밀, 천지팔도]을 긴 세월 익히고 수행하면서 '내' 안의 보신불報身佛을 키워나가는 인고의 과정이라 할 것이다.

 "꽃동산 훨훨 날으며 꽃과 함께 살리라" 이 시조의 종장이 상징하는 바는 법신불, 보신불, 화신불이 상호 어긋나지 않고 조화를 이루며, 마침내 현상계와 절대계가 하나로 굴러가는 불이不二의 세계를 의미한다 하겠다. 그러한바 "꽃동산 훨훨 날으며 꽃과 함께" 살아가는 세계라고 해서 '아픔'을 벗어난 초월적 세계로 오인해서는 안 될 것이다. 이 세계는 시간과 공간을 초월한 '참나'의 보리심으로 현상계의 아픔을 삭이고 끌어안는 대승적 화엄의 세계로 이해해야 할 것이다. 이 세계는 특별한 세계가 아니요, 일원의 진리 안에서 '평상심'으로 살아가는 진속불이眞俗不二의 세계라 하겠다.

2) 눈은 오고

시집의 두 번째 장인 '눈은 오고'에 저자는 머릿글을 통해 "나에게 주어진 시간 중 악마에게 먹거리가 되는 '죽은 시간'을 최소화하고, 멋지게 '살아있는 시간'을 잘 만들어서 진정한 장수노년을 살고 있는지 돌아보며 살아야겠다."라는 말을 붙이고 있다. 이 장에서는 자신의 삶뿐 아니라 현 인류의 물질문명 속에서 일어나는 풍경을 반조하는 내용을 포괄하고 있음을 알 수 있다.

> 탱탱한 포도송이 높은 지체 내려놓고
> 어둠 속 긴긴 숙성 지켜 온 소망 하나
> 세상에 더 고운 향취 피어나게 함이라 −「와인wine 단상」 전문

'와인' 한 잔을 앞에 두고 '탱탱한 포도알'이 '포도주'로 변신하는 과정을 새겨보고, 나아가 이를 한 생명의 인격체로 변화해가는 모습을 그려나가는 데서 은산 시인의 사물을 바라보는 깊이를 엿볼 수 있다. 포도알을 통한 이 짧은 비유 속에는 한 우주가 돌아가는 소식이 담겨 있다. 모든 변화의 과

정은 사실 천지 은혜의 근본 원리인 '천지팔도天地八道'[무념, 무량, 수용, 해탈, 정성, 순리자연, 공정, 광명]로 움직이기 때문이다. '무념'과 '수용'이 이루어지지 않으면 예정된 출발이 이루어질 수 없으며, '해탈', '정성', '순리자연', '공정'이 없으면 순서가 꼬이게 될 것이며, 편착심 없는 '무량'한 마음이 없이는 변화의 중심이 서지 않을 것이며, 그 결과 조화로운 '광명'의 상태가 이루어지지 않게 될 것이다. 혹 순서를 잃어 와인의 숙성에 실패해도 넓게 보면 이는 우주 실상의 '공정公正'함을 깨우치게 하는 한 작용이 되는 것이다.

초장 "탱탱한 포도송이 높은 지체 내려놓고"에서 암시하는 바는 무지와 아집을 내려놓는 모습이라 하겠고, "어둠 속 긴긴 숙성 지켜 온 소망 하나"는 소망을 이루기 위해 정성을 다하는 길고긴 수련의 단계라 할 것이다. 그 수련의 끝은 어디를 향하고 있는가? 결국 시인이 뜻하는 바는 '나'만을 위한 향취가 아닌 '세상'을 향한 고운 향취라는 사실을 종장을 통해서 보여준다. 상대성을 벗어난 '참나'의 세계에서는 '너'와 '나'는 불이不二의 세계가 되며, 나의 수행은 곧 자리이타自利利他를 향하는 세계이기 때문이다. 일상에서 쉽게 만날 수 있는 '포도주'를 소재로 하여 일원의 진리를 드러내고, 나아가 이를 통해 깨달음의 한 소식을 전하는 은산 시인의 시세계를 엿볼 수 있는 작품이다.

가마솥 찌는 더위 몰아치는 북극 한파

장대비 싹쓸바람 휩쓸고 간 역병마저
내리신 자비인 것을 어림조차 못했네 －「불이不二」 전문

  위의 두 작품을 보면서 앞에서 말한 원불교의 개교 표어 "물질이 개벽되니 정신을 개벽하자"가 다시 떠오른다. 먼저 앞 작품의 제목 '불이不二'에 담긴 뜻을 헤아려 본다. 현재 지구의 기후는 지구 생태계의 위태로운 상황을 단적으로 보여주고 있다. 전 세계적 기후변화는 전에 볼 수 없던 재앙의 상황을 지속적으로 보여주고 있다. 게다가 수년 동안 마스크를 쓰고 다녀야 했고 많은 목숨을 앗아간 코로나19 팬데믹은 일찍이 없었던 인류적 고통의 대표적 사례가 되었다. 전 지구적 기후위기와 코로나 팬데믹은 하늘이 인류에게 내리는 '자비'라는 사실을 알게 되었다는 것이 이 시의 중심 내용이다. 앞에서도 거론한바, 음양의 관계에서 비롯되는 모든 변화는 비정상적 상황을 정상적 상황으로 되돌리려는 우주의 경고이자 우주의 순리자연한 이치라 할 수 있다. 곧 지구의 기후위기와 재앙은 지구는 하나로 엮어져 있다는 사실을 인류에게 알려주고 이에 대한 대비를 촉구하는 자비의 한 표현임을 시인은 '불이不二'라는 제목으로 암시한 것이다. 현 인류의 문명세계를 바라보는 이러한 안타까움 속에는 새로운 정신문명의 세계가 도래하기를 바라는 대승의 한마음이 담겨 있다 할 것이다.

3) 인향만리

시집의 세 번째 장章으로 배열된 '인향만리人香萬里'와 관련하여 은산 시인은 "이 세상은 인간이란 인연관계 속에서 살아가는 것이 가장 중요하다. 그리고 사람들로부터 풍겨오는 인품의 향기가 어떤 다른 향기보다 질 높은 향기임은 분명하다."고 하면서 이곳의 시편들은 이런 향기를 보내준 분들을 문향聞香하면서 모아진 작품이라는 사실을 밝히고 있다. 은산 시인이 밝힌 바대로 그의 첫 시집『벼랑꽃』에서도 그는 인연 관계 속에서 피어나는 인품의 향기를 즐겨 읊어온 시인이라는 사실이 확인된다. 사람이 살아가는 중에 가장 소중히 여겨야 하고, 자신의 가치를 가장 잘 담을 수 있는 대상도 역시 사람이 아니겠는가. 은산 시인의 '인향만리' 시편의 작품들이 한결같이 감동으로 다가오는 이유도 사람을 정성스럽게 대하는 그의 면모에서 오는 것이라 할 수 있으리라.

> 빗속에 고운 달빛 불속에서 긷는 샘물
> 그 달빛 마주하고 맑은 샘물 목 적시고
> 새벽 선禪 뒤로 미뤄도 무욕청정 즐겼네 −「어느 새벽에」 전문

이 시에는 '자담 이조경 님 수필집을 읽으며'라는 부제가 붙어 있다. 초장은 수필집을 읽으면서 알게 되는 자담 이조경 님의 활동상을 상징적으로 함축한 것으로 보이며, 중장은 수필 작품을 읽는 도중에 발생하게 된 자신의 감동 양상을

초장 내용에 맞게 대응을 이루는 방식으로 표현한 것이며, 종장은 수필집을 읽으면서 일어나게 된 자신의 구체적 사실들을 밝히면서 수필 작품에 동화된 자신의 심정을 밝히는 내용이다. 곧 이 작품에는 한 인격과 한 인격의 직접적 만남이 아니라 인격과 인격 사이에 수필집이라는 매개물이 자리하고 있다. "빗속에 고운 달빛 불속에서 긷는 샘물" 이 한 줄의 비유와 상징으로 아무리 드러내어도 쉽게 전달할 수 없는 깊이를 보여주고 있는바, 시인은 이 시조를 읽는 독자들로 하여금 나름대로 수필집의 세계를 상상해볼 수 있도록 표현한 것이다. 빗속에서 어떻게 달빛을 긷고, 불속에서 어떻게 샘물을 길어 올릴 수 있을까?

이런 초월적이면서 역설적인 표현은 우리 의식을 텅 빈 공의 세계로 연결시키는 힘으로 작동된다. 수필집이라는 매개체를 통한 한 인격의 향기는 제삼자로 하여금 더욱 예술미를 느끼게 하는 형식으로 움직이게 된다. 초장 내용에 어울리게 중장과 종장을 이끌어감으로써 한 인격과 인격이 어떻게 영적 감동의 교감을 이루고 있는지를 독자들은 스스로 감지하게 된다. "새벽 선禪 뒤로 미뤄도 무욕청정 즐겼네" 수필의 깊이에 빠져 비록 새벽 선을 미루었어도 오히려 더욱 무욕청정한 선의 세계를 즐겼다는 표현으로 수필집 주인공의 세계를 자연스레 풀어내고 있으니, 이 작품 「어느 새벽에」는 한 인격의 향기와 향기가 어울려 천의무봉의 영적 세계를 연출하는 수작이라 아니할 수 없다.

한평생 우리 위해 모든 사랑 베푸시고
주시고 또 주시고 남기신 것 하나 없어
맑고도 고운 미소만 봄날처럼 밝아라

쓰리고 아픈 마음 흔적 없이 감추시고
함박꽃 웃음 속에 온갖 이웃 모으시며
한마디 말씀 없이도 이를 말씀 다해라 －「어머니 마음」 전문

이 시 「어머니 마음」을 읽으면 누구에게나 간직되어 있을 인자한 어머니의 모습을 떠올리게 한다. 인간의 마음에 깊이 내재하고 있는 '보리심'을 형상화한 그림처럼 다가온다. 자식을 향하여 남긴 것 하나 없이 주고 또 주어도 봄날처럼 밝은 미소로 남아 있으니, 마치 법신불 일원의 한 모습을 보여주는 듯하다. 1연에 이어 2연에서는 더욱 심화된 어머니상을 보여준다. "쓰리고 아픈 마음 흔적 없이 감추시고" 이런 표현은 공과 색을 자유롭게 오고가는[색즉시공 공즉시색] 해탈의 면모를 보여준다. 표시 내지 않는 자비의 실천을 '함박꽃 웃음'으로 넘치지 않게 보여줄 수 있는 힘은 시인의 능력인지 아니면 살아생전 어머니가 보여준 보살도의 놀라운 조화인지 구별할 수 없게 만들고 있다.

"한마디 말씀 없이도 이를 말씀 다해라" 종장의 이 짧은 표현은 앞에서 보여준 어머니의 모습을 모두 감싸고도 남을 여유를 지닌다. 마치 '묵언'으로 사자후의 가르침을 뛰어넘은

『유마경』의 주인공 '유마'의 놀라운 법력과 '침묵'으로 절로 터져 나오는 뜨거운 사랑의 경지를 보여준 만해 한용운의 「님의 침묵」을 떠올리게 한다. 한마디 말이 없어도 이심전심 두루 통하는 세계는 어떤 실천력을 얻어야 이루어질 수 있을까? 앞에서 거론한, 인간은 본래 만물을 형성하는 오행 중에서도 정화精華이며, 실로 천지의 마음이라고 한 『문심조룡』의 말은 이런 경우에 어울리는 표현이라 할 것이다. 인간의 깊은 곳에 내재한 '하늘'의 모습이란 바로 이 시 '어머니의 마음'과 유사하지 않을까 생각한다. 은산 시인이 말하는 '인향만리'의 '인향'이라는 것도 결국 인간의 내면에 깊이 자리하고 있는 '하늘마음'을 가리키고 있다 할 것이다.

4. 대승의 길과 공적영지空寂靈知의 양심

이 글의 서두로 돌아가 인공지능이 주도하는 물질문명의 놀라운 변화를 떠올려 본다. 게다가 기후변화 역시 예측할 수 없이 지구의 생태계를 바꿔놓고 있다. 10년, 30년, 50년 아니 100년 이후 인류의 일상은 어떤 모습일까? 상상하기조차 힘들다. 그러나 아무리 변한다 해도 애초 생긴 자리 없는 진리는 하나일 뿐, 그 법신불 일원의 진리는 영원히 '공·원·정'이라는 상相을 품고 여여히 현상계와 함께 존재할 것이다. 미래 세상의 변화의 실상을 예측하기 어려운 때에 현 인류가 가장 우선적으로 찾아야 할 것은 과연 무엇일까? 섬뜩

하게 여겨지는 인류문명의 변화 속에서 이제 인류가 시급히 찾아나서야 하는 게 무엇인지 절로 드러나고 있지 않은가? 이와 관련하여 『대종경』에서 볼 수 있는 소태산 대종사의 몇 말씀을 인용해 본다.

* 그대들의 마음은 곧 하늘마음이라 … [서품·13]
* 천하 사람이 다 행할 수 있는 것은 천하의 큰 도요… [교의품·2]
* 세계 모든 종교의 교리며 천하의 모든 법이 다 한마음에 돌아와서 능히 사통오달의 큰 도를 얻게 되리라. [교의품·1]
* 인지가 발달되고 생활이 향상되는 이 시대에 어찌 좁은 법만으로 교화를 할 수 있으리요. [교의품·33]

바야흐로 지금은 인공지능의 시대요 인지가 넘치도록 발달하는 시대이지만, 그러한 현상적 발달과는 반대로 인류 영성의 수준은 떨어져가고 있다. 위의 인용 내용은 물질문명의 위태로운 변화를 인류가 어떻게 맞이해야 하는가를 암시한다. 앞에서 인용한바, 소태산은 "양심에 부끄러울 바가 없는 일이면 비록 천만 사람이 비난을 하더라도 백절불굴의 용력으로 꾸준히 진행할 것이요" [인도품·37]라고 하였다. 또한 소태산은 인지가 발달한 미래의 시대에는 대다수의 수도인들이 견성만은 일찍이 가정에서 쉽게 마치는 때가 온다[성리품·23]고 하였고, 우리들 마음이 곧 '하늘마음'이라고 하면서 천하 사람이 다 알고 행할 수 있는 것이 천하의 큰 도라고 하였다. 과연 일원一圓의 진리로 표현되는 큰 도를 모두가 알아들을 수 있는 말은 없는가? 소태산이 강조하고 있는 '양심良心'이 바로 온 세계의 사람들이 쉽게 알아들을 수 있는 '하나의 진리'에 가장 가까운 용어가 아닐까 생각한다. 인지의 발달이 가속화하고 있는 이 시대에 인간이 본래 품고 있는 양심이 현상계와 절대계를 연결시키는 통로라는 사실을 인식하는 일은 삼동윤리三同倫理를 비롯하여 대승세계를 지향하는 원불교의 위상에 잘 어울리는 일로 여겨진다.

필자가 '인공지능'과 '양심'과 '하나의 진리'[법신불 일원상]라는 용어를 한자리에 끌어오게 된 것은 은산 송경은 시인의 이번 시집 『하늘마음』이 품고 있는 시조 작품들의 진리적 아름다움에서 비롯한 것이라 할 수 있다. 먼 상고로부터 작금의 현대문학에 이르기까지 하나로 포괄되는 진리의 세계를 일상의 쉬운 언어로 이렇게 손에 잡힐 듯 그려낸 적이 있었던가? 게다가 진리의 다양한 속성을 여러 각도에서 형상화하면서도 우리 고유의 장르 시조를 통해 정형시로서의 안정감과 체계성을 갖추고 있으니, 은산 시인의 시집 『하늘마음』은 진리의 실상을 평상심으로 드러내는 원불교의 대승정신에 부합하는 경사스러운 결과물이라 할 수 있을 것이다.

언어로 못 그리고 눈으로 못 뵈어도
온 천지 가득한 힘 마음으로 잡아보자

그 기운 내 안에 모셔 영천영지 따르리 －「일원불」 전문

 정말 중요한 것은 보이는 형상보다 보이지 않는 마음에서 일어나는 것임을 누가 모르랴. 눈 감고 고요히 있어 보면 시공을 초월한 공적영지空寂靈知의 세계가 다가오는데, 그때 다가오는 것이 곧 이 시 「일원불」에서 말하는 '온 천지 가득한 힘'을 말하는 것이리라. 위의 영천(永天:절대계)과 영지(永地:현상계)와 공적영지의 '양심'이 만나 삼위일체의 온전한 불국토[광대무량한 낙원]를 만들자는 것이 '일원불'을 노래하는 원불교의 대승사상이라 할 것이다. 더욱이 초장, 중장, 종장의 삼장시조는 『천부경』 이후 길이 '일석삼극一析三極'을 읊으며 '천지인天地人' 합일사상을 주창한 우리 한민족의 홍익인간 철학과 맥락이 일치한다. 은산 시인의 시조집 『하늘마음』이 두고두고 온 인류의 대동화합을 발휘하는 일에 한껏 활용될 수 있으리라 기대한다.*

하늘마음

지은이 | 송경은

1판 1쇄 발행 2025년 4월 15일

펴낸이 | 길명수
펴낸곳 | 배문사
출판등록 1989년 3월 23일, 제10-312호
주소 서울시 서대문구 경기대로 76
전화 (02)393-7997
팩스 (02)313-2788
e-mail pmsa526@empas.com

편집 인쇄 삼중문화사

ⓒ 송경은 2025

ISBN 979-11-989654-3-1 (03810)

값 13,000원

* 낙장 및 파본은 교환하여 드립니다.